CW01472059

Le Livre de Poche

Jeunesse

FLEURS D'ENCRE

LES
POÈMES DE
LA SOURIS VERTE

JEAN-LUC MOREAU

LES
POÈMES DE
LA SOURIS VERTE

Illustrations intérieures :
Marie-Aude Waymel

HACHETTE
Jeunesse

Au pays de Couci-Couça

Au pays de Couci-Couça

Au pays de

Couci-Couça

Un marchand de

poussi-poussa

Disait à sa

douci-douça

Qui rentrait d'un

foussi-foussa :

— Chère enfant, le

goussi-goussa

Ne vaut pas le

boussi-boussa,

Mais prends garde au

toussi-toussa!

Tout ça sent le

roussi-roussa.

Mon petit frère...

Mon petit frère a trois cheveux :
C'est un de plus que mon neveu,

Mais mon neveu, ce personnage,
Est en dépit de son jeune âge

Déjà deux fois plus chevelu
Que son papa qui n'en a plus

Qu'un tout petit, petit, petit...

Un tout seul — que tante Octavie
Pourtant regarde avec envie.

couci-couça

Le bonimenteur

Bim-boum! Bim-boum!
Venez, les enfants,
Voir notre spectacle
Ébouriffant!

Bim-boum! Bim-boum!
Venez, les petits,
Voir les sapajous,
Les ouistitis!

Bim-boum! Bim-boum!
Vous applaudirez
Les rois du trapèze!
Entrez, entrez!

Bim-boum! N'hésitez plus : sous notre chapiteau,
Vous verrez les jongleurs, les lanceurs de couteaux,
Vous verrez l'ours Albert qui fait le grand salto
Et le chien Pépito dans sa petite auto!

couci-couça

Bim-boum! Bim-boum!
Venez, les pitchouns,
Pleurez — mais de rire
Avec les clowns!

Bim-boum! Bim-boum!
Allons, avancez :
Notre grand spectacle
Va commencer!

couci-couça

Le creux de l'oreille
et le petit doigt

Je ne vois pas ce qui rapproche

la banane et le rossignol,

le soleil et la double croche,

la marmite et le campagnol ;

ce qui fait que l'on pourrait mettre

la cascade avec l'entremets,

la cloche avec le gazomètre,

la rose avec la carpe, mais

le creux de l'oreille et le petit doigt

sont faits pour s'entendre,

sont faits pour s'entendre ;

le creux de l'oreille et le petit doigt

sont faits pour s'entendre,

cela va de soi.

13
couci-couça

La limace et la clarinette
n'ont pas grand-chose à partager ;
la différence est assez nette
entre l'ours et le boulanger ;
je vois bien tout ce qui distingue
l'astrolabe du maître-queux,
le corridor de la meringue,
mais je dois reconnaître que

le creux de l'oreille et le petit doigt
sont faits pour s'entendre,
sont faits pour s'entendre ;
le creux de l'oreille et le petit doigt
sont faits pour s'entendre,
cela va de soi.

14
couci-couça

Le risque est mince de confondre
la caserne et le pédalo,
l'Orénoque et la Tour de Londres,
la sarbacane et le vélo ;
de mélanger tarte et valise,
alligator et clair-obscur,
ornithorynque et vocalise ;
un point cependant reste sûr :

le creux de l'oreille et le petit doigt
sont faits pour s'entendre,
sont faits pour s'entendre ;
le creux de l'oreille et le petit doigt
sont faits pour s'entendre,
du moins quant à moi

je le crois.

15
couci-couça

Berceuse

Dors, dors, petit pinson,
Bien à l'abri dans les buissons.

Dors, dors, petit poisson,
Sur le gravier, dans le cresson.

Dors, dors, petit ourson :
Voici l'hiver et ses glaçons.

Dors, dors, petit garçon :
J'ai mis l'été dans ma chanson.

16
couci-couça

Poème trouvé en rêve

Dans la nuit profonde
Un petit ruisseau

Baigne de son onde
Un bel arbrisseau ;

La belle Esclarmonde
Le franchit d'un saut

Dans un autre monde
Né de mon pinceau.

couci-couça

Chanson de l'heure qu'il est

— Monsieur, Monsieur, s'il vous plaît,
Dites-nous quelle heure il est!

— Il est, ma petite fille,
L'heure où l'escargot s'habille;

Il est, mon petit garçon,
L'heure où sort le limaçon,

L'heure étrange et solennelle
Où chantent les coccinelles.

Où la puce et ses enfants
Vont dîner chez l'éléphant;

Il est l'heure où la panthère
Épouse un coléoptère,

L'heure où tout peut arriver...
Où je dors... où vous rêvez...

couci-couça

Chanson
de l'ogre

Les p'tits garçons et les p'tit's filles
Faudrait qu' ça pouss' comm' les myrtilles ;
Faudrait qu' ça pouss' sur les buissons,
Les p'tit's fill's et les p'tits garçons.

À l'automne on f'rait la cueillette ;
Plus besoin d' se casser la tête ;
Pas mêm' besoin d'êtr' jardinier :
Suffirait d' remplir son panier.

Les p'tits, les grands, les grand's, les p'tites,
J' vers'rais tout ça dans un' marmite ;
J' les mettrais tous, mêm' les moyens —
C' que ça s'rait bien ! C' que ça s'rait bien !

Un peu d' vanille, un peu d' cannelle,
Un p'tit nuag' de citronnelle,
Du thym, d' la menth', du roudoudou…
Vous laissez cuire à feu très doux

19
couci-couça

L'hiver, paré comm' pour un siège,

J' verrais sans peur tomber la neige ;

Mes bocaux s'raient là, bien rangés,

Bien rangés dans mon gard' manger.

Mes p'tits copains, mes p'tit's copines,

J' vous étal'rais sur mes tartines.

J' dirais : Merci, merci, mon Dieu !

Les p'tits enfants, j' connais rien d' mieux.

couci-couça

Quand Minet patine...

Minet, minet, petit minet,
Minet danse sur la glace —
Grandes bottes, petit bonnet :
Quelle grâce !

Il est fier, il est agile,
Mais la glace, elle, est fragile,
Si fragile...

Que tout à trac,
Sans faire ouf :
Crac !
Plouf !
Glou, glou, glou...
Pauvre, pauvre, pauvre minou !

21
couci-couça

La lune et le soleil

1

La lune est une orange
Sur un bel oranger,
Une orange qu'un ange
Chaque nuit vient manger,

Une orange qui change,
Qui bientôt, c'est étrange,
N'est plus que la moitié

D'une orange qu'un ange
Sans pitié mange, mange

Jusqu'au dernier quartier.

couci-couça

2

Le soleil, quant à lui,

Même quand il nous cuit,

Le soleil est un fruit :

C'est un gros pamplemousse

Qui tombe avec la nuit,

Qui tombe sur la mousse,

À ce que j'en déduis,

Puisqu'il tombe sans bruit.

Le soleil est un fruit

Qui pousse et qui repousse ;

Le soleil est un fruit,

Même quand il nous fuit ;

Le soleil est un fruit

Qui montre sa frimousse

De bon soleil qui luit

Dès le premier cui-cui.

23
couci-couça

Le colimaçon
de Tegucigalpa

Certain colimaçon de Tegucigalpa

Répétait qu'un enfant, ça doit se mettre au pas.

Le sien, n'ayant qu'un pied, pourtant n'y marchait pas.

Pauvre colimaçon de Tegucigalpa.

Le marquis de Charenton

Le marquis de Charenton,

À cheval sur un bâton,

Sur la tête un vieux galure,

Turelure,

File, file à toute allure,

File, file à toute allure…

Il traverse la cuisine :

Il y perd sa gabardine ;

Il traverse le salon :

Il y perd son pantalon ;

Il traverse l'antichambre :

Il y perd les quatre membres ;

Il traverse le cellier :

Il y perd son râtelier ;

couci-couça

Il traverse les armoires,
Perd la tête et la mémoire;

Il traverse les cloisons,
Perd le nord et la raison...

Mais il garde son galure,
Turelure,
Mais il garde son galure,

Son galure et ses souliers,
Quel spectacle singulier!

De la cave au vestibule,
Il gambade, il déambule,

Il traverse sans flancher
Les plafonds et les planchers,

26
couci-couça

Fait trois pas sur la toiture,

Turelure,

Fait trois pas sur la toiture…

Le voilà sur le perron :

Il y danse tout en rond ;

Le voilà sur la pelouse…

C'est alors que son épouse,

Fort jalouse,

Enfourchant son vieux vélo,

Tirelo,

Le poursuit au grand galop,

Le poursuit au grand galop…

(Ce qui, croyez-le bien, n'est pas très rigolo !)

couci-couça

Quand le chat met ses chaussettes...

(Comptines)

Poème
à dire avec son chat

— D'où viens-tu, Minou?

— De Paris, Madame.

— Qu'as-tu vu, Minou?

— Des lapins, Madame.

— Faisant quoi, Minou?

— Des pâtés, Madame.

— Pour mettre où, Minou?

— Sur ton nez, Madame.

Tout doux...

Formulette pour apprendre à marcher

Tout dou-
            cement,
à pe-
       tits pas,
un pour
           Maman,
un pour
           Papa,
on marche,
               on marche,
on marche...
                 On court ?
On trotte, on galope —
Stop !
Demi-tour !

Tout dou-
           cement
à pe-
      tits pas,
etc.

Formule magique

pour faire sortir un escargot de sa coquille

L'averse te mouille,

il pleut sur ton toit :

viens, cagouille!

viens, fripouille!

mon-

tre-

toi!

Cette formule est également très efficace par beau temps. Se munir d'un arrosoir (plein) pour faire la pluie, d'une lampe électrique pour simuler les éclairs et d'un couvercle de lessiveuse que l'on frappera à l'aide d'un bâton afin d'imiter le grondement du tonnerre. Aucun luma n'y résiste.

Le prince qu'on sort

Comptine pour éliminer

La reine

a dit

au prince

consort :

— Allez

vous-en

coucher

dehors !

La reine

a dit,

etc.

34

Paroles de dérision

pour faire les cornes à l'escargot s'il continue à dormir

Avec ton nez qu'ornent,

qu'ornent quatre cornes,

ton p'tit œil qu'est tout au bout,

escargot,

hou! hou!

escargot, tu dors debout!

*Cette formule est particulièrement efficace si on la chante
à plusieurs en faisant la ronde autour du dormeur.*

Le roi de France

Comptine
pour sauter à la corde

Le roi

de France

a dit

naguère :

— Je ne

veux plus

partir

en guerre.

Le roi

de France

a bien

raison :

il fait

meilleur

à la

maison.

36

Comptine

à chantonner sur deux notes
pour faire sortir les hérissons

Hérisson, c'est la saison

de sortir de ta maison :

vite!

vite!

je t'invite...

Où

ça?

Un, deux, trois,

à

Troyes,

quat', cinq, six,

à Senlis,

sept, huit, neuf,

à Pléneuf,

dix, onze, douze,

à Toulouse!

Je

t'invite

à dé-

jeuner,

mais

z'il faut

montrer

ton nez.

38

Formulette magique

à dire en soignant les bobos

On en pleure,

on en rit :

c'est déjà fini !

Fff !

(On souffle sur le bobo.)

Charme

c'est-à-dire poème à l'usage des tout petits garçons
qui veulent se faire acheter du nougat.

Je suis petit, petit,

mais j'ai grand appétit :

pour avoir un grand gars,

donnez-moi du nougat !

Quand le chat...

Quand

le chat

met ses

chaussettes,

c'est

la fête

aux sou-

ricettes.

Quand

le chat

joue au

cerceau,

c'est

la fête

aux sou-

riceaux.

Comptine

pour choisir son morceau de brioche

Version n° 1
pour les enfants pressés

C'est

     ce

        mor-

           ceau

              que

                 je

                     pren-

                        drai

On met tout dans sa bouche en disant (si on peut) :

Hamm !

42

Version n° 2
pour faire durer le plaisir
et s'impatienter les grandes personnes

Le

      mor-

            ceau

                 que

                        je

ce   vais

      n'est   prendre,

           pas

               pour

                     le

le   re-

      mor-   vendre

            ceau

                 que

                        je

                      prend-

                         drai,

43

ce

    n'est

        pas

           pour

               l'ad-

ce   mi-

    n'est   rer,

        pas

           pour

               l'en-

ce   ca-

    n'est   drer,

        pas

           pour

               l'en-

                  ter-

                     rer ;

c'est

      pour

            me

                 l'ad-

                       mi-

tout   nis-

       do-   trer

           ré.

On prend lentement, cérémonieusement, entre le pouce et l'index, le morceau ainsi désigné. On regarde à la ronde tous les autres convives en faisant avec une gourmandise de bon aloi :

Mmmmmm!

On termine en adressant, de la main qui tient le gâteau, un petit signe de remerciement courtois à la maîtresse de maison.

45

Le petit cheval

comptine pour les grands
qui veulent faire sauter les petits sur leurs genoux

Version n° 1

Klop, otiklop, otiklop, otiklop,

mon

cheval

comme il

galope!

Klap, atiklap, atiklap, atiklap,

pas

moyen

qu'on le

rattrape!

klip, itiklip, itiklip, itiklip,

youp

la, youp

la, youp

la, yip!

Kloup, outikloup, outikloup, outikloup,

yip

la, yip

la, yip

la, youp!

Klop, otiklop, otiklop, otiklop,

mon

cheval

comme il

galope!

Klap, atiklap, atiklap, atiklap,

pas

moyen

qu'on le

rattrape!

Kloup, outikloup, outikloup, outikloup,

un fossé?

Je décolle…

Houp!

Kleup, eutikleup, eutikleup, eutikleup,

L'é-

quili-

bre, moi

je le p...

Perds, oh ! là ! là ! quel joli vol plané!

Je

vais

me

cas-

ser

le

:
:
:
:
:

BOUM!

49

Petite comptine de mes deux hamsters

à dire en sautant à cloche-pied

Mon hamster

dame

vient d'Amster-

dam,

mais mon

hamster

monsieur

ne vient

que de

Jussieu.

50

Le minet
de ma cousine

Le minet de ma cousine
vient rôder dans la cuisine.

Dès qu'elle a le dos tourné,
il se met à déjeuner.

Ma cousine alors se fâche :
— Prends bien garde à tes moustaches !

Mais Minet, le ventre rond,
la regarde et fait ronron.

Petite comptine

des souris qui dansent quand le chat n'est pas là

(Bien rythmer en détachant chaque vers.)

« Lorsque Mistigri,

chat scélé-

rat,

s'en va dans Paris

chasser les

rats

gros

z'et

gras,

bon déba-

rrras ! »

(Le joueur désigné « sort ». On enchaîne :)

... chante à Montsouris

chaque sou-

ris

qui, tel un cabri,

danse, et sou-

rit,

et rit

rit,

rit,

d'être à l'a-

bri.

53

(Le joueur désigné « reste à l'abri ». Pour en finir et désigner le « chat » :)

Quel charivari!

Que d'entre-

chats!

Dans tout Montsouris

que de pour-

chas!

Quel cha-

cha-

cha!

Mais gare au

CHAT!

54

Petite comptine du diable et de sa femme

Le diable à sa femme
a dit ce-
ci :
— Du balai, sorcière!
Va-t'en d'i-
ci!
Si,
si,
si!
Va-t'en d'i-
ci!

La diablesse alors,
d'un upper-
cut,
envoya valser
son Belzé-
buth.
Zut!
zut!
zut!
Zut et re-
flûte!

Petite chanson d'encouragement

pour Esther et Anabelle

Lance,

lance,

Esther, lance,

Esther, lance en l'air

la

balle à la belle

Anabelle!

Allons, belle A-

nabelle, à

Esther lance-

(et relance-)

la!

Blues

à chanter l'hiver sur le Pont Neuf
quand on saute d'un pied sur l'autre
pour se réchauffer et attendant l'autobus

Un, deux, trois

quand il fait froid,

quat', cinq, six,

comme exercice,

sept, huit, neuf,

sur le Pont Neuf,

dix, onz', douze,

chantons ce blues :

Un, deux, trois,

quand il fait froid,

etc.

On peut aussi rentrer à pied : ça réchauffe !

Comptine pour mon...

la force.

voir de

faut a-

il

calier

(r)un es-

monter

Pour

58

... ter un escalier...

souliers.

de bons

(t)avoir

faut

calier

un es-

monter

Pour

59

... Et pour le re...

À

dé-

va-

ler

l'es-

ca-

lier,

on

at-

tra-

pe

des

(z')en-

torses

Aïe!

... descendre

Quand
    (t')on est
        trop es-
            tropié,
                on
                    descend
                        à clo-
                            che-
                                pied.

61

Petite pluie

(Ce texte est fait pour être dit ou plutôt chuchoté par un groupe. Il peut être utilisé dans le cadre d'une initiation à un jeu théâtral. Il s'agit d'évoquer le passage d'une averse : les gouttes, d'abord rares et espacées, se font peu à peu plus nombreuses, plus rapides : le crescendo culmine dans un furioso, suivi d'un decrescendo. Le nombre des voix ira pareillement croissant, puis décroissant. Le meneur de jeu pourra, s'il le désire, faire ponctuer ce texte de bruits imitant le tonnerre. La « musique » ainsi obtenue peut servir de fond sonore à un jeu de mime.)

Plic!

Plic?...

Plic...
plic,
plic,
plic!

Plic,
ploc,
plic
ploc,
plic,
plic
plic,
ploc...

Plic, plic, ploc, plic,
plic, plic, ploc,
plic, plic, plic, plic,
plic, plic, ploc

Plic-plic-plic-plic-plic-plic-plic
plic-ploc-plic–ploc-plic-ploc-plic

ploc-ploc-ploc-ploc-ploc-ploc-ploc

ploc-plic-ploc-plic-ploc-plic-ploc
plic-plic-plic-plic-plic-plic-plic

Ploc, ploc, plic
ploc, ploc, ploc, ploc
ploc, ploc, plic
ploc, ploc, plic, ploc

63

Ploc,
plic,
ploc,
plic,
ploc,
ploc,
plic…

Ploc,
ploc…

ploc!
Pl…

Un petit canard

Un petit canard,
Un jour de printemps,
Un petit canard
S'en allait chantant.
Toutes les canettes
Admiraient sa voix.
Dans sa chansonnette
Il disait, je crois :

Un petit canard,
Etc., etc., etc.

Épilogue

Un petit renard,
Un jour de printemps,
Un petit renard
S'en allait chantant.
Dans sa chansonnette
Il disait, je crois :
Vivent les canettes
Et les petits pois.

Une oursonne
aimait un
oursin...

Une oursonne
aimait un oursin...

Une oursonne aimait un oursin,

Un oursin de l'île de Sein.

Une oursonne était de Vallorcine,

Mais flânait, bien sûr à dessein,

Du jour des Morts à la Toussaint,

Du côté de chez Bécassine.

Mon bel oursin, tu me fascines,

Disait l'oursonne, est-ce bien sain ?

Moi qui naguère, à Vallorcine,

Ai vu quatre ou cinq médecins

Pour que sans faute ils me vaccinent

Contre l'amour et ses toxines,

Quand je te sens contre mon sein,

Il me semble qu'on m'assassine !

69

Oursin, retourne à tes oursines!

Tout là-bas, dans le saint des saints

Des rochers de l'île de Sein,

Leurs pleurs mouillent tant de coussins,

Traversent tant de traversins,

Font déborder tant de bassines,

Que l'océan, sombre piscine,

En est salé, jusqu'à Messine,

Jusqu'aux abysses abyssins,

Et même jusqu'au Pont-Euxin.

Bagatelle

— Dites-moi, la belle,
Qu'aimeriez-vous mieux?
Être coccinelle
Ou bête à bon Dieu?

En penchant la tête,
On m'a regardé :
— Et toi, cher poète,
M'a-t-on demandé,

Quel air, pour me plaire,
Me chanteras-tu?
Est-ce tralalaire
Ou turlututu?

Chanson triste

De salade en salade
L'escargot se balade ;

De carotte en navet
L'escargot dit : « Je vais,

Je vais conter fleurette
À quelque pâquerette,

Je m'en vais fleureter
Sous le grand ciel d'été. »

De laitue en laitue
Oh, comme il s'évertue !

Sous les topinambours
Comme il court ! comme il court !

Pendant toute une année
Il vole, il va !...

... La fleur était fanée
Quand le pauvre arriva.

Chanson dans la lune

1

« Au clair de la terre,
Mon ami Perrault,

Quel est ce mystère? »
Disait, le cœur gros,

Toujours dans la lune,
Le Prince Charmant,

N'y trouvant aucune
Belle au bois dormant.

2

Au clair de la terre,
Perrault répondit :

« Sache, ô solitaire,
Que cette lady

Fait, loin de la lune,
Là-bas dans l'éther,

De l'œil à Neptune,
Mars ou Jupiter. »

Un ogre
et son ogresse...

Un ogre et son ogresse

Vivaient à ce qu'on dit

D'air pur et de caresses,

D'eau fraîche et de radis,

Vivaient de chou, d'oseille,

De coings, de bigarreaux,

De navets, de groseilles

Et de jus de poireau.

Ils ramassaient des cèpes

À la fin de l'été ;

À la saison des crêpes,

Ils en faisaient sauter.

Pour voir cette merveille,

On venait de très loin :

De Cherbourg, de Marseille,

De Chine et de Tourcoing.

« Entrez, disait l'ogresse,
Entrez! Bon appétit!
Goûtez-moi ne serait-ce
Qu'un peu de clafoutis. »
Les visiteurs, aux anges,
S'écriaient : « Quel nanan! »
Et chantaient les louanges
De ce couple étonnant.

Hélas, mieux vaudrait taire
Le chapitre suivant :
Le bonheur sur la terre
N'est qu'une plume au vent ;
Après l'essor la chute ;
La nuit succède au jour ;
Ce qui vient par la flûte
S'en va par le tambour.

L'ogre, un soir de tendresse,

Finit par remarquer

Que sa charmante ogresse

Était belle à croquer,

Qu'avec son teint de pêche,

Cette aimable Junon

Sentait bon la chair fraîche

Et que… crénom de nom!

Faut-il qu'on vous relate

Ce qui leur arriva?

Le pauvre homme, écarlate,

Saliva, saliva…

Depuis cette aventure,

L'ogre n'est plus friand

De chou, de confiture,

Mais de chateaubriands.

Puisse, Mesdemoiselles,

Ma modeste chanson,

Tempérant votre zèle,

Vous servir de leçon!

Il est beau d'être tendre;

Cela n'a point de prix.

Mais gardez-vous de prendre

Un ogre pour mari.

Monsieur Firmin

— Qu'as-tu là, ma fille,
Au creux de la main?
— Ce n'est rien, ma mère :
C'est Monsieur Firmin.

— Ce Firmin, ma fille,
Où l'as-tu trouvé?
— Il traînait, ma mère,
Mais je l'ai lavé!

— Ma fille, ma fille,
Pourquoi l'avoir pris?
— Je voudrais, ma mère,
M'en faire un mari.

— Un mari, ma fille?
Vous n'y pensez point!
— Oh que si, ma mère!
J'en prendrai bien soin…

— Mais enfin, ma fille,
Il est tout petit!
— Ce n'est rien, ma mère,
Il est si gentil!

La grande amour

Un jour

      la pastèque

            au marché

                  de Chalon

Porta

      ses kopecks

            pour s'offrir

                  un melon.

Un jour

      le melon

            qui rêvait

                  de pastèque

S'en vint

      à Chalon

            dissiper

                  ses sapèques

Alors

      aussitôt

            (non, ne les cherchez plus!)

C'était

       vu d'avance

             ils se sont

                    vraiment plu.

Alors

       aussitôt

             (non, ne les cherchez pas !)

Heureux

       l'un de l'autre

             ils ont fait

                    leur repas.

Chanson
de la petite bête

La petite bête

Que cherchent, que cherchent,

La petite bête

Que cherchent les gens,

N'est pas à Dijon

N'est pas dans le Perche,

N'est pas en Anjou

Ni même à Nogent.

La petite bête

Qui monte, qui monte,

La petite bête

Qui monte est montée

Au septième ciel

Sans se rendre compte

Qu'elle était montée

Dans la Voie-Lactée.

Poèmes pour un calendrier

Poèmes
pour un calendrier

1er janvier

Sous la branche de gui, pimpante, enrubannée,

En cette heure où la terre achève sa tournée,

Aux petits comme aux grands nous disons : Bonne année!

La ronde des saisons n'est jamais terminée.

Bonne année à chacun, bonne année à chacune!

Aux blondes bonne année et bonne année aux brunes!

Aux amis du soleil, aux enfants de la lune,

Aux neveux de Vénus, de Mars et de Neptune!

Bonne année aux oiseaux de Chine et de Guinée,

Au panda du Népal, à l'ours des Pyrénées,

Aux chansons que ce soir nous aurons fredonnées,

À la vie, à l'amour, à l'espoir : bonne année!

27 janvier

Hommage à sainte Angèle !

Oh ! ma jacinthe en gèle…

2 février : la Chandeleur

Cette crêpe que de ta poêle

Tu fais sauter jusqu'aux étoiles,

Ami, ne sois pas étonné

Si tu la reçois sur le.............................. PIF !

6 février

À la Saint-Gaston,

    Tontaine, tontaine,

À la Saint-Gaston

    Tontaine, tonton,

Le croquemitaine,

    Tontaine, tontaine,

À croquer tonton,

    Tontaine, tonton.

14 février

C'est en vain que l'on s'obstine,

Acceptons notre destin.

Tu seras ma Valentine,

Je serai ton Valentin.

23 février

Salut, saint Lazare !

Tu me mets en train,

Car sans crier gare

J'ai fait ce quatrain.

22 mars

De tous aléas

Gardez-nous, Léa !

1er avril

Poisson d'avril, poisson d'avril

Qui fais fi de tout filet d'eau

Si je me découvre du fil

Par lequel, fragile fardeau,

Quelqu'un t'accroche dans mon dos,

Se peut-il vraiment, se peut-il

Poisson d'avril, gentil poisson,

Que je ne sente pas courir quelque frisson?

27 avril

Aujourd'hui que nul n'hésite à

Célébrer la Sainte-Zita.

26 mai

Pardon de vous déranger

Mais c'est la Saint-Béranger.

5 juin

Qu'il soit russe ou du Périgord,

Oui, bonne fête au père Igor !

8 juin

Qu'à la Saint-Médard

Il pleuve longtemps

Foi de saint Bernard

C'est juste, pourtant

À la Saint-Médor,

Ça je m'en souviens,

Ce fut pire encor :

Un vrai temps de chien !

90

7 août

Bonne fête à Gaëtan !

Qu'il soit toujours bien content,

Bien portant, bien résistant

Mais jamais ventripotent !

9 août

Quel beau jour, vraiment, quel beau jour !

Aujourd'hui c'est la Saint-Amour…

14 août

Aujourd'hui, c'est la Saint-Évrard,

Un prénom, ma foi, plutôt rar'…

17 août

Non, saint Hyacinthe
N'est pas une sainte :
C'est lui, vraiment *lui*
Qu'on fête aujourd'hui.

21 août

Des catastrophes
Et des dangers
Par saint Christophe
Sois protégé.

29 août

Le vingt-et-neuf du mois d'a-oût
C'est la Sainte-Sabine.
Les chats font encor mi-a-ou,
Mais l'été se débine…

2 octobre

Je suis né pour la Saint-Léger.
Admirez la chance que j'ai !

2 novembre

Une pomme tombe
Au seuil de l'hiver ;

Au loin la colombe
Cherche un rameau vert.

La pomme trop mûre
Tombe du pommier ;
Et dans la ramure
Pleure le ramier.

93

25 décembre : le père Noël

Sa hotte est vraiment très pleine ;

On y trouve un peu de tout,

Oui, de tout,

Mais surtout

Des petites madeleines,

Et du plant de vrai Verlaine

Pour les mamans du Poitou.

31 décembre

Trois cent soixante-cinq (et parfois six) journées ;

Notre terre aujourd'hui bouclera sa tournée.

Quand minuit sonnera, toute la maisonnée

Sous le gui verdoyant se dira : Bonne année !

Le carré
de l'hypoténuse

La croisade de Jean de Meung

J'ai vu se battre

pour la croix

Jean de Meung.

1, 2, 3, 4,

1, 2, 3,

1, 2,

1.

La cour de mon école

La cour de mon école
    Vaut bien, je crois,
La cour de Picrochole,
    Le fameux roi :
Elle est pleine de charme,
    Haute en couleur ;
On y joue aux gendarmes
    Et aux voleurs ;
Loin des Gaulois, des Cimbres
    Et des Teutons,
On échange des timbres,
    À croupetons ;
Des timbres des Antilles,
    De Bornéo…
Et puis on joue aux billes
    Sous le préau.
Qu'on ait pris la Bastille,
    C'est merveilleux,
Mais que le soleil brille,
    C'est encor mieux !
Orthographe et problèmes
    Sont conjurés.
École, ah ! que je t'aime
    À la récré !

Locataires

J'ai dans mon cartable
(C'est épouvantable!)
Un alligator
Qui s'appelle Hector.

J'ai dans ma valise
(Ça me terrorise!)
Un éléphant blanc
Du nom de Roland.

J'ai dans mon armoire
(Mon Dieu, quelle histoire!)
Un diplodocus
Nommé Spartacus.

Mais pour moi le pire,
C'est sous mon chapeau
D'avoir un vampire
Logé dans ma peau.

99

Les
petits vers de terre

Les petits vers de terre

Ont de bien jolis yeux,

Des yeux pleins de mystère,

Des yeux clairs et joyeux,

Des yeux qui s'écarquillent

Sous le pied des jonquilles,

La treille du muscat,

Dans l'ombre où les racines

À l'infini dessinent

Leurs réseaux délicats.

Parce qu'ils sont modestes,

On les croit demeurés ;

Parce qu'ils ont des gestes

Prudents et mesurés,

On les croit sans histoire,

Sans rêves, sans mémoire,
On se moque, on prétend
Que leurs goûts sont vulgaires,
Qu'ils ne fréquentent guère
Le grand monde, et pourtant

N'ignorant nulle chose
Du monde humide et froid
Où le manant repose
Aussi bien que le roi,
Ils ont vu, sous les chênes,
Les nains, faisant la chaîne,
Enterrer leurs trésors
Et jamais ne s'étonnent,
Sous leur toit que l'automne
Jonche de pièces d'or.

Je ne sais toujours pas...

Je ne sais toujours pas pourquoi les escargots
Ont choisi la Bourgogne et non pas le Congo ;

Je ne sais toujours pas pourquoi les coccinelles
N'ont pas leur numéro dessiné sur une aile ;

Je ne sais toujours pas si c'est la peur du noir
Qui fait que le soleil s'en va quand vient le soir.

Mais quand je serai grand, peut-être le saurai-je...
Alors bien gentiment, je retourne au collège.

Chanson
d'hiver

Le soleil est en congé :

Comme il neige! comme il neige!

Le soleil est en congé

(Joli temps pour voyager!)…

La froidure a délogé

Sous la neige, sous la neige,

La froidure a délogé

Les oiseaux du potager.

Le soleil est en congé :

Comme il neige! comme il neige!

Le soleil est en congé

(Quelque part à l'étranger?)…

Quant à moi, flocons légers,

Quand il neige, quand il neige,

Quant à moi, flocons légers,

J'aime à vous voir voltiger.

Le soleil est en congé :

Comme il neige! comme il neige!

Le soleil est en congé

(S'il n'a pas déménagé!)…

Chacun de s'interroger,

Tant il neige tant il neige,

Chacun de s'interroger :

Jusqu'à quand va-t-il neiger?

Le carré
de l'hypoténuse

Le carré de l'hypoténuse

Ne fut jamais de mes amis.

Bien que souvent je m'y sois mis

(Car le diable a plus d'une ruse!)

Non, jamais ma tête confuse

N'y trouva le bonheur promis.

Le carré de l'hypoténuse

Ne fut jamais de mes amis.

Mais que chante la cornemuse,

Alors debout les endormis!

J'ai dans les jambes des fourmis…

Et plus que jamais je récuse

Le carré de l'hypoténuse.

Le pion

— J' vous y prends, mauvais'graine,

à lir' Zorro !

— M'sieur, c'est d' Bernard Lorraine…

— Z'aurez zéro !

Un jour de printemps

À James Ollivier

Un jour de printemps,
Au bord d'un étang,

Un moineau faisait *cui-cui*,
Un crapaud faisait *coua, coua*.

— Un homme arrive, on est cuits!
Dit le moineau, restons cois!

— Tu dis cuits?... cuits?
S'étonna le crapaud.

— Restons cois! Cois!
Insista le moineau.

Un jour de printemps
Au bord d'un étang,

Un crapaud faisait *cuits cuits*
(Cui-cui-cui-cui-cui-cui-cui!),

Un moineau faisait *cois-cois*
(Coua-coua-coua-coua-coua-coua-coua!)

107

Petite chanson du grand serpent de mer

Que s'allument

dans la brume,

tel un feu qui fume,

les yeux verts

pleins d'éclairs

du serpent de mer

à la queue

toute bleue

longue de six lieues,

au front ceint

d'un coussin

d'algues et d'oursins :

le navire

en vain vire

de bord, il chavire ;

l'océan

noir géant

s'ouvre en maugréant ;

et la ronde

vagabonde

des ondines blondes

vite fuit

sans un bruit

au cœur de la nuit.

L'ibis

L'ibis, au bord du Tigre

(Ou de l'Euphrate...),

Pondit, puis se dit : — Bigre !

Si mon œuf rate...

J'voudrais...

J' voudrais bien être un kangourou!
J' dirais : « Les mioches ?
C'est dans la poche...
J'en ai des blonds, des bruns, des roux! »
J' voudrais bien être un kangourou!

J' voudrais bien être un éléphant,
Rien qu' pour avoir de beaux enfants,
De beaux enfants grands et costauds,
Qui pès'raient cinq ou six quintaux
(Comm' tous les p'tits éléphanteaux).

J' voudrais bien être un rossignol :
Les rossignols, c'est croquignol!
J'aurais des p'tits rossignolets :
C'est ça qui s'rait croquignolet!

J' voudrais bien être un ouistiti :
Les ouistitis, c'est si gentil!
La tête en bas, j' me suspendrais
J' me suspendrais dans la forêt...

Oh oui! j'voudrais, j'voudrais, j'voudrais!

Rondel

Cornebleu, saperlipopette,
Vertuchou de ventre saint-gris!
Que j'attrape le malappris
Qui m'a fait cette entourloupette,

Oui, je l'ai dit, je le répète,
Il en perdra le goût du riz,
Cornebleu, saperlipopette,
Vertuchou de ventre saint-gris!

Deux pruneaux dans mon escopette,
Et pan! pan! vous m'avez compris...
Malheur à lui s'il n'a pas pris
À temps la poudre d'escampette,
Cornebleu, saperlipopette!

Si ton oncle...

Si ton oncle coupe court
Le poil de son frère Othon,
Pas besoin de longs discours :
Ton tonton tond ton tonton.

Petite chanson
du grand Charlemagne, fondateur, dit-on, de l'école

Du grand Charlemagne
On a dit souvent
Qu'il faisait campagne
Pour qu'on soit savant.

Traquant l'ignorance
Dans tous les recoins
Du pays de France
(Car il voyait loin !) :

« Messieurs et Mesdames,
Disait-il, on doit
Savoir son programme
Sur le bout du doigt.

Lisez les poètes

Et les historiens !

Défaite ou conquête,

Ne négligez rien !

Soyez géographes !

Sachez calculer !

Quant à l'orthographe,

Faut-il en parler ! »

Or dans son empire,

Vous devez savoir

Que nul sur Shak'speare

Ne fit un devoir.

En ces temps de rêve,

L'obus, le canon,

Jamais un élève

N'en connut le nom.

Point de Sainte-Vehme,

De Plantagenêts ;

Jamais un problème

Sur les robinets ;

Pas d'Océanie,

De pics tibétains…

Époque bénie

Que ces temps lointains

D'avant la Guyane

D'avant les Incas,

D'avant la banane

Et le tapioca.

D'avant la flibuste,

D'avant les protons…

Et Philippe Auguste,

Le connaissait-on ?

Certes, Charlemagne
Au jour d'aujourd'hui
Au fond des campagnes
Fait parler de lui.

Ce fut un grand homme,
Nul ne le niera
(Que le pape à Rome
De sa main sacra!),

Mais moi qui me ronge
Devant mes cahiers,
J'en ai, quand j'y songe,
Le cœur endeuillé :

Vraiment quelle aubaine
Pour des collégiens
Que d'en être à peine
Aux carolingiens!

117

L'éléphant

L'éléphant si grand, si lourd,

L'éléphant, c'est un amour !

Chez les bêtes comme ailleurs,

Les plus gros sont les meilleurs…

Différences

L'oiseau-mouche est très gentil,

mais petit,

petit,

petit.

Le mammouth, fort différent,

est grand,

grand

grand,

grand.

L'asticot, qui vit tout nu

est menu,

menu,

menu.

L'aurochs, aïeul du taureau,

est gros

gros,

gros,

gros.

119

En cas de problème,
lisez ce poème :
qui l'a lu, bien lu,
ne les confond plus.

D'ailleurs, si vous hésitez,
vous n'avez qu'à réciter :

L'oiseau-mouche est très gentil...

Géométrie

Deux droites parallèles
depuis longtemps s'aimaient :
— Nous toucher, disaient-elles,
le pourrons-nous jamais ?
Messieurs, les géomètres
nous parlent d'infini ;
c'est bien beau de promettre,
mais tant de kilomètres,
ça donne le tournis !...

— Si le sort vous accable,
leur répondis-je alors,
rapprochez-vous, que diable,
rapprochez-vous encor !

Ma remarque, opportune,
leur fut d'un grand secours :
il n'en reste plus qu'une.
Quel beau roman d'amour !

121

Dans les algues blotti...

Dans les algues blotti,
qu'un lent courant balance,
un chevesne, immobile,
écoute le silence,

écoute le silence
et regarde, étonné,
ce ver qui se tortille
à deux doigts de son nez.

À l'abri des roseaux,
qui dans le vent frissonnent,
le pêcheur, allongé,
n'est plus là pour personne,

n'est plus là pour personne
et rêve en s'endormant
d'un bouchon rouge et bleu
qui plonge,
obstinément...

On vous dit...

On vous dit qu'il faut prendre l'air,
Il faut en prendre et en laisser.

Prenez l'air sans en avoir l'air,
Prenez l'air désintéressé.

Prenez l'air, cléments, comme Ader,
Sans vous laisser influencer,

Si ce n'est par les courants d'air,
Qui sont à prendre ou à laisser.

123

Le Bidule
et le
Machinchose
(Fables et contrefables)

L'éléphant rose
et la souris blanche

L'éléphant rose, un jour, bouscula la souris
(pour un éléphant rose, il était un peu gris !) ;
la souris, quoique blanche, en eut une peur bleue,
(surtout que le balourd lui marcha sur la queue !)
« Madame, excusez-moi, vraiment je suis navré… »
(Il était si confus qu'il en aurait pleuré !)
Un éléphant qui pleure, est-il pire infortune ?
La souris, toute émue, oublia sa rancune.
« Ce n'est rien, lui dit-elle en le réconfortant,
j'aurais pu vous en faire autant. »

On tirera de cette histoire
une double moralité :
d'abord qu'un éléphant ne doit jamais trop boire
(et cela, ne pas hésiter
à le dire, à le répéter !)
mais surtout que ma souris blanche
est un fort bon exemple à donner aux enfants :
pour peu qu'elle eût pris sa revanche,
qu'eussions-nous fait de l'éléphant ?

Le renard et le corbeau

ou si l'on préfère
la (fausse) poire et
le (vrai) fromage

Or donc, Maître Corbeau,

Sur son arbre perché, se disait : « Quel dommage

Qu'un fromage aussi beau,

Qu'un aussi beau fromage

Soit plein de vers et sente si mauvais…

Tiens ! voilà le renard : je vais,

Lui qui me prend pour une poire,

Lui jouer, le cher ange, un tour de ma façon.

Ça lui servira de leçon ! »

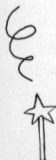

Passons sur les détails, vous connaissez l'histoire :

Le discours que le renard tient,

Le corbeau qui ne répond rien

(Tant il rigole !),

Bref, le fromage dégringole...

Depuis, le renard n'est pas bien ;

Il est malade comme un chien.

129

Le saule et l'oignon

— Pardonnez-moi

c'est une erreur,

dit l'oignon

au saule pleureur.

L'allumette et le cigare

La petite allumette,

aimant un gros cigare,

rêva d'un rendez-vous,

vit son rêve aboutir

et sut en s'éteignant

que l'amour nous égare…

Un seul baiser de feu

peut nous anéantir…

Les plumes du coq

Un jour, Maître Renard, au bord de la rivière,

vit un coq qui passait par là.

Aussitôt les plumes volèrent :

notre Renard se régala

Après quoi, selon sa coutume,

son ventre ayant pris du volume,

dans le pré constellé de fleurs, de papillons,

(mais avant tout jonché de plumes !)

près de l'onde où rôdaient brochets et carpillons,

il s'offrit pour sa peine un petit roupillon.

Jusque-là, rien de bien étrange :

qu'un renard ne soit pas un ange,

nul ne saurait s'en étonner ;

quant à la sieste après le déjeuner,

je connais, ma foi, plus d'un homme

dont le plus grand bonheur, le repas terminé,

est encor de faire un bon somme :

libre à vous de le condamner,

mais pourquoi le renard eût-il dû se gêner?

Or, comme il reposait, digérant sa volaille,

notre héros perçut un bruit.

Il ouvre un œil… Horreur et funérailles!

La fermière est là devant lui.

— Mon coq! Où l'as-tu mis, canaille?

— Votre coq? Mais bien sûr, Madame… Où je l'ai mis?

Eh bien… comme aurait dit mon maître Pythagore,

ce coq… ce coq, Madame, est mon meilleur ami,

qui tous les jours, nul ne l'ignore,

sachant combien l'eau ravigore,

oui, chaque jour, s'en vient ici nager;

cela fait un moment déjà qu'il a plongé,

de sorte qu'à présent je voudrais bien bouger,

car malgré le beau temps que ce matin nous eûmes,

voici que le soir tombe et que monte la brume,

mais l'amitié d'abord, il faut s'en arranger,

et moi, termina-t-il en désignant les plumes

qui restaient du coq estourbi,

au risque — atchoum!... — au risque d'un bon rhume,

Je dois surveiller ses habits.

Or, le plus merveilleux, c'est que la campagnarde

répondit à ce beau discours :

— Tu peux rentrer, Renard, je vais monter la garde.

Que je sache, elle attend toujours.

Quelque part, au bord de la Sarthe

pour Lounis et Timour

Quelque part, au bord de la Sarthe,
un homme, un jour, avec grand soin,
repeignait de grandes pancartes :

> PRAIRIE INTERDITE
> AUX PINGOUINS

— Des pingouins, dis-je, dans la Sarthe,
on n'en voit pas des quantités !
— Monsieur, c'est grâce à mes pancartes :
rien de tel pour les arrêter !

N'en déplaise aux savants hilares,
dans la Sarthe en toutes saisons,
si les pingouins restent si rares,
c'est que cet homme
avait raison.

135

La chute

— Seigneur, dit le serpent, qu'ils aient croqué la pomme

quand on connaît la femme et l'homme,

faut-il s'en étonner? n'ont-ils pas le sang chaud?

Mais que la faute m'en incombe,

non, là, Seigneur, les bras m'en tombent!

Et depuis ce jour-là les serpents sont manchots.

Au bord de l'Orénoque

Au bord de l'Orénoque,
un jour, se promenait
monsieur Duchnoque,
le savant qu'on connaît.
Soudain voilà que ventre à terre
arrive Arthur, son secrétaire :
— Monsieur le Professeur, quel horrible accident !
Votre femme… Ah, j'en tremble !… Il avait de ces dents !…
— Ma femme ? Un accident ? Quelqu'un l'aurait mordue ?
Ne l'avez-vous pas défendue ?
— Monsieur le Professeur, j'en suis désespéré :
un crocodile, hélas, vient de la dévorer.

Monsieur Duchnoque,
membre de l'Institut,
contempla l'Orénoque
et longuement se tut.
Puis, avec un sourire : — Arthur, dit le bonhomme,
je suis sûr que vous avez tort :
à la longitude où nous sommes,
ce doit être un alligator.

137

Cette fable est méchante et bête,

mais prouve indiscutablement

que le renom souvent masque l'analphabète :

l'alligator était un caïman [1].

---

1.   — Un caïman? Le doute est légitime,
il faut voir, dit l'autre, il faut voir…
Crocodile ou pas, moi j'estime
que Madame Duchnoque est seule à le savoir.

La ronde

Une jeune pantoufle aimait un vieux sabot.

La pantoufle était belle à vous couper le souffle ;

le sabot, lui, rien moins que beau,

n'était qu'un minus, un nabot,

pour comble amoureux d'une moufle,

laquelle moufle aimait un gant,

un gant bizarre, extravagant,

puisqu'il ne rêvait, le maroufle,

que de la main de la pantoufle

(la main d'une pantoufle est un présent des dieux!),

alors que la pantoufle, à son tour, n'avait d'yeux,

je vous l'ai dit, que pour un très très vieux…

Mais faut-il vraiment que j'insiste

en vous reparlant du sabot ?

On guérit de nos jours les plus subtils bobos :

que l'amour n'est-il sur la liste !

Il était...

Il était

un vermisseau

qui pourtant

n'était point sot ;

or,

voyant un vermicelle,

il lui dit :

« Mademoiselle... »

Le bidule et
le machinchose

ou

Les passants mystérieux

Les mots sont les passants mystérieux de l'âme…

Victor Hugo

Le bidule, un beau jour, disait au machinchose :

— Aussi vrai que je vous en cause,

croyez-moi, cher ami, je connais la chanson :

toujours on essaiera de noyer le poisson ;

quand l'un prétend Strasbourg, l'autre affirme Angoulême ;

il faut sortir de ce dilemme

et le dire enfin sans façon :

Angoulême ou Strasbourg, c'est du pareil au même,

messieurs les donneurs de leçons

ne font jamais d'un pouce avancer le problème ;

vit-on jamais la carpe épouser le pinson ?

141

— Ma foi, répondit son compère,

vous avez tout à fait raison.

Pour reprendre à mon tour votre comparaison,

je crois que les deux font la paire :

vit-on jamais le tigre épouser la vipère ?

Quant à leurs chiffons de papier,

tous les goûts sont dans la nature ;

à chacun selon sa pointure

de trouver chaussure à son pied.

Il est clair que seuls de grands sages

pouvaient tenir de tels propos.

Je me trouvais sur leur passage :

je leur ai tiré mon chapeau.

142

La langue au chat
(Jeux et devinettes)

Barcarolle parisienne

À Elvire

Vous que berce sa rame
Dans le petit matin,

Que pensez-vous, chère âme,
Vous que berce sa rame,

Que pensez-vous, Madame,
Du.........................* ?

* *Un coup de vent ayant emporté la rime que je tenais au bout de ma plume, merci à vous, chers lecteurs de la retrouver.*

144

L'enfant terrible

(Poème sinistré*)

Bienheureux les parents qui parfois se reposent!
Avec cet enfant-là, ce n'est pas toujours…

Il grimpe, il saute, il court, il chahute, et parbleu,
À semer la bagarre, il récolte des…

Devant cet ouragan, ce typhon, ce cyclone,
Oh! que de fois déjà, que de fois j'ai ri…

Que de fois, plein d'angoisse et la tête à l'envers,
J'ai pâli, j'ai blêmi, je suis devenu…

Alors, comprenez-moi, quand je le vois qui bouge,
Mon sang ne fait qu'un tour, je frémis, je vois…

Mon Dieu, retenez-moi, je vais faire un malheur!

Cet enfant m'en fait voir…

* *Hélas oui, chers lecteurs : j'étais vraiment très content de ce petit poème, malheureusement je l'ai laissé trop longtemps dans un tiroir où il a été repéré par les chromophages. (Il s'agit, vous le savez sûrement, d'un petit insecte appelé vulgairement mange-couleurs, une bestiole non seulement complètement imaginaire, mais qui plus est, fort redoutable.)*
Serez-vous assez perspicaces pour m'aider à le reconstituer?

J.L.M.

Les devinettes

À Louis Constantin

Grand amateur
de devinettes,
Constantin
Porphyrogénète
en posa deux,
tenez-vous bien,
l'une à son chat,
l'autre à son chien.

Ce chien,
serviteur plein d'astuce,
se gratta
la tête
et les puces,
et longuement
chercha,
chercha,
mais dut donner
sa langue au chat.

147

Ledit chat,
malin
comme un singe,
se creusa
longtemps
les méninges,
mais lui non plus
ne trouva rien,
tant et si bien,
tant et si bien
qu'il dut donner
sa langue au chien.

Moralité :
la chose est nette,
c'est bien la faute
aux devinettes
si les toutous,
si les matous
ne parlent plus
du tout,
du tout.

L'innommé

La varicelle en cause,
Je sais ce qu'il en est :
Ça gratte un tantinet,
Mais ce n'est pas grand-chose.

Qu'une chemise en ait,
Ça peut se dire en prose ;
Dès lors qu'il est de rose,
Il mérite un sonnet.

Sonnet, pour qu'on t'imprime,
C'est en vain que je rime
Ces vers de mirliton,

Car de maintes sonnettes
L'auteur de chansonnettes
Doit presser le...

Devinettes

1. Je suis sans début, sans fin,
Non vivant mais plein de vie.
Je vaux mon pesant d'or fin,
Aux filles je fais envie.

Qui suis-je ?

2. Je n'ai ni porte ni fenêtre ;
Nul en moi jamais ne pénètre ;
Cependant je suis habité ;
Je péris d'être déserté.

Qui suis-je ?

3. Légère, j'erre
   Au gré du vent.

   Je réfrigère
   Tous les vivants

   Légère, j'erre,
   Mais bien souvent

   Gare aux congères
   Le jour suivant.

   Qui suis-je ?

   4. Ouvert vers
        le haut, je suis vide.
      Ouvert vers
        le bas, je suis plein.

      Qui suis-je ?

5. Culs-de-jatte, ils ont huit têtes,

N'ont pourtant ni haut ni bas,

Quand tous quatre on les abat,

C'est là qu'ils sont à la fête.

Qui ça?

6. Mère de menteries

Que je n'ai pas conçues,

Je suis de chair issue

Sans en être pétrie.

Qui suis-je?

7. Plus j'avance et plus je recule :
C'est ainsi chez moi qu'on circule.

Qui suis-je ?

8. Au clair de la lune,
Pierrot mon ami,
J'ai beaucoup de plumes,
Je suis dans ton lit.

Qui suis-je ?

9. Sa maison sort par les fenêtres.

Savez-vous qui ça peut bien être?

10. Ma face lisse

Que rien ne plisse,

Nul sauf Alice

Ne la franchit.

D'où que je vienne,

Venise ou Vienne,

Qu'on s'en souvienne :

Je réfléchis.

Qui suis-je ?

154

11. Tantôt je suis vive
Et tantôt je dors.

Je suis dans le fjord
Et dans la lessive.

Je suis à bâbord,
Je suis à tribord,

Et dans la coursive
Quand ça tangue fort!

Qui suis-je?

12. Entre nos bras, sur nos genoux
Lui qui chante et pleure avec nous,
Sa bedaine est toute ridée…
Son nom, en as-tu quelque idée?

155

13. Je suis né, j'étais barbu :

C'est la barbe! c'est la barbe!

C'est la barbe l'attribut,

L'attribut de ma tribu.

Qui suis-je ?

14. Qu'on me perde ou qu'on me tue,

C'est en vain qu'on s'évertue :

Comme l'eau, comme le sable,

Je m'écoule, intarissable...

Qui suis-je ?

15. Dès que je nais, je me nourris ;
Quand j'ai tout mangé, je péris.

Qui suis-je ?

16. Sans remords,
Allumeurs,
Je vous mords
Et je meurs.

Qui suis-je ?

157

17. Elle est dedans, elle est dehors,

Mais jamais n'entre ni ne sort.

Qu'est-ce que c'est?

18. J'ai quatre pieds, ne marche pas,

Ne fais jamais le moindre pas;

Je supporte les bons repas.

Qui suis-je?

19. Pour qui me prend

    Je m'enflamme

        Et rends

            L'âme.

Qui suis-je ?

20. Je ne fais pas de bruit quand je suis habité ;
Je suis plein de rumeur quand je suis déserté.

Qui suis-je ?

21. Je peux sans effort

Porter de grands arbres,

Mais ni bague en or

Ni buste de marbre.

Qui suis-je ?

22. Qui désire y caser son ventre,

Y mettra d'abord les talons.

C'est les pieds devant qu'on y rentre ;

On n'en ressort qu'à reculons.

Qu'est-ce que c'est ?

23. M'empoigner, c'est toujours recevoir un savon :

Où mes poils sont passés, tous les vôtres s'en vont.

Qui suis-je ?

24. Le magicien, bien sûr, en sort tout ce qu'il veut,

Mais on y met surtout son crâne et ses cheveux.

Qu'est-ce que c'est ?

25. Quand tu boucles ta chaumière,

Ton mas, ta gentilhommière,

Elle y rentre la première.

Qu'est-ce que c'est?

26. Qu'il soit carpe ou carpillon

Brochet, brème ou barbillon,

Tout poisson, dès qu'il y mord,

Se trouve en danger de mort.

Qu'est-ce que c'est?

27. Qui l'embellit,
L'abolit.

Qu'est-ce que c'est?

28. L'été,
L'outil
L'attend
Longtemps.

Qu'est-ce que c'est?

29. Sans être plante, il a des feuilles ;

Il conserve ce qu'on y cueille.

En français comme en esquimau,

Il raconte sans dire un mot.

Qu'est-ce que c'est ?

30. Nous qu'on adosse à des missives,

Nous n'avons jamais de gencives :

À notre planche on nous attache,

Et toutes nos dents se détachent.

Qui sommes-nous ?

31. Un chien, c'est bien joli, mais je
N'aime pas le voir dans mon jeu.

Qui suis-je ?

32. Ça vous surprend, mais c'est ainsi :
Je suis moins grand debout qu'assis.

Qui suis-je ?

165

33. Épagneuls, cockers ou caniches,

Nous aimons qui nous fait des niches.

Qui sommes-nous?

34. Lorsque tu me prends sur ton poing,

Tu veux que je m'envole au loin.

Si je m'attarde plus ou moins,

Tu peux toujours compter mes points.

Qui suis-je?

35. Si l'abondance n'en a qu'une
   comme l'Afrique et le narval,
      Si le cheval
    N'en porte aucune,
   Le limaçon, la vache et le croissant de lune
   En ont deux, comme aussi le diable à Carnaval!

                    Qu'est-ce que c'est?

   36. Vous faites le poireau
       quand on vous en pose un;
       Quand il est de garenne, il
       est des plus communs.

            Qu'est-ce que c'est?

37. On la met sous la porte ou sous le paillasson,

Mais quand elle est de sol… c'est une autre chanson.

Qu'est-ce que c'est?

Solutions des jeux et devinettes

Solutions des jeux

Solution de *L'enfant terrible* :

rose, bleu, jaune, vert, rouge, de toutes les couleurs.

Solution de *Barcarolle parisienne* :

le métropolitain

Solution de *L'innommé* :

le bouton

Solutions
des devinettes

1. L'anneau de mariage

2. L'œuf

3. La neige

4. Le chapeau

5. Le carré de rois du jeu de cartes

6. La plume d'oie

7. L'écrevisse

8. L'oreiller

9. Le poisson dans le filet : sa maison (l'eau) sort par les

fenêtres (les mailles du filet qu'on relève)

10. Le miroir

11. L'eau

12. L'accordéon

13. Le bouc

14. Le temps

15. Le feu

16. L'étincelle

17. La porte

18. La table

19. L'allumette

20. Le coquillage

21. L'eau

22. Le pantalon

23. Le blaireau (pour se raser)

24. Le chapeau

25. La clé

26. L'hameçon

27. La vérité

28. Le vacancier

29. Le livre

30. Les timbres

31. La quille

32. Le chien

33. Les chiens

34. La coccinelle

35. La corne

36. Le lapin

37. La clé

Jean-Luc Moreau est né à Tours en 1937. Sa langue maternelle est le tourangeau, mais il parle aussi très correctement le parisien, le moscovite, le berlinois, le haut-belge, l'helvète occidental… sans compter les langues qu'il enseigne. A-t-il vraiment, comme on le prétend, appris à miauler à son chien ? Celui-ci, quand on l'interroge, reste muet comme une carpe.

Sa langue préférée reste cependant celle qu'on parle en Poésie. L'utilité des poèmes de Jean-Luc Moreau explique qu'ils aient été souvent traduits : en londonien, en carélien du Nord, en musique, en pékinois…

L'un d'eux écrit directement en martien, a même été traduit en martien (dans un autre dialecte, bien sûr).

Table
des
matières

Au pays de couci-couça

Quand le chat met ses chaussettes
(Comptines)

Le carré de l'hypoténuse

Le Bidule et le Machinchose
(Fables et contrefables)

FLEURS D'ENCRE
Collection dirigée par Jacques Charpentreau

« Je crois qu'il n'y a pas de poésie pour les enfants, il y a seulement des textes qui transmettent de l'émotion. L'important, c'est de donner à lire aux jeunes ce qu'il y a de meilleur dans la poésie du passé et du présent. »

J. Charpentreau

GILLES BRULET
Gilles Brulet est né en 1958 au Raincy. Agent S.N.C.F., il est membre du jury du concours littéraire des cheminots. Il adore les oiseaux presque autant que les enfants, et la poésie presque autant que les oiseaux.

POÈMES À L'AIR LIBRE
Le premier recueil de ces poèmes libres comme l'air est un vibrant hymne à la nature.

Pour tous
N° 1050 • 96 pages • H 5

MAURICE CARÊME
Né à Wuvre, dans le Brabant, en 1898, il fut d'abord enseignant avant de se consacrer entièrement à la littérature, en 1943. De 1925 à sa mort, en 1978, il publia plus de cinquante recueils de poèmes, contes et romans. La critique le consacra « prince en poésie »

À L'AMI CARÊME
Toute une vie en poésie. Depuis les comptines, les rondes et les chansons de l'enfance jusqu'aux poèmes d'amour et aux ombres du soir…

Pour tous
N° 1037 • 128 pages • H5

AU CLAIR DE LA LUNE
Plus d'une centaine de poèmes, spécialement écrits pour les enfants par un de nos grands poètes.

Pour tous
N° 1038 • 148 pages • H9

PIGEON VOLE
Plus de quatre-vingts poèmes sur la nature et les animaux par l'un des plus grands poètes de l'enfance.

Pour tous
N° 1056 • 128 pages • H7

JACQUES CHARPENTREAU

Poète, président de la Maison de la Poésie, Jacques Charpentreau a créé la collection Fleurs d'encre *en 1990. Composée d'anthologies thématiques et de recueils d'auteurs, la collection s'attache à défendre autant la poésie classique que la poésie contemporaine.*

DEMAIN DÈS L'AUBE
Jacques Charpentreau, en colla-boration avec Dominique Caffin

Une sélection de poèmes écrits par des poètes d'aujourd'hui.

Pour tous
N° 1021 • 288 pages • H11

JOUER AVEC LES POÈTES
Poèmes réunis par Jacques Charpentreau

Chaque poème renferme un petit secret de fabrication. Parfois, on le découvre tout seul, parfois, on donne sa langue au chat !

Pour tous
N° 1060 • 280 pages • H11

L'AMITIÉ DES POÈTES
Poèmes réunis par Jacques Charpentreau

Cinquante poètes contemporains célèbrent l'amitié dans cent soixante poèmes inédits.

Pour tous
N° 1035 • 220 pages • H11

LA POÉSIE DES POÈTES
Poèmes réunis par Jacques Charpentreau

Loin des théories limitatives et des cadres trop rigides, cette anthologie se propose de laisser la parole aux poètes.

Pour tous
N° 1051 • 256 pages • H11

LA RÉVOLTE DES POÈTES
POUR CHANGER LA VIE
Poèmes réunis par Jacques Charpentreau

150 poèmes où le mot révolte voisine avec celui de rêve…

Pour tous
N° 1057 • 224 pages • H10

LA VILLE DES POÈTES
Poèmes réunis par Jacques Charpentreau

Des poèmes pour célébrer l'animation des rues, les vitrines colorées, les lumières de la nuit et la vie tumultueuse de la ville.

Pour tous
N° 1053 • 320 pages • H12

LE RIRE DES POÈTES
Poèmes réunis par Jacques Charpentreau

Soixante-cinq poètes d'aujourd'hui nous offrent cent soixante poèmes pour rire, sourire, et rester toujours de bonne humeur !

Pour tous
N° 1058 • 224 pages • H 10

LES PLUS BEAUX POÈMES D'HIER ET D'AUJOURD'HUI
Poèmes réunis par Jacques Charpentreau

Parmi les quatre mille poèmes publiés dans la collection *Fleurs d'encre*, Jacques Charpentreau en a choisi cent soixante-dix inoubliables !

Pour tous
n° 1059 • 288 pages

LES POÈTES DE L'AN 2000
Poèmes réunis par Jacques Charpentreau

Cent quarante poèmes inédits de soixante-dix poètes d'aujourd'hui, qui tous, ont moins de trente ans.

Pour tous
N° 1062 • 224 pages • H 10
Nouveauté 2003

PIERRE CORAN
Pierre Coran vit près de Mons, en Belgique. Romans, poèmes, comptines, contes, livrets d'opéras ou adaptations théâtrales : sa bibliographie, d'une foisonnante richesse, est celle d'un éternel amoureux des mots. Pierre Coran aime à rencontrer ses lecteurs.

JAFFABULES
Jeux de mots, jeux de sons : les textes déforment ou prennent au pied de la lettre des expressions ou des noms d'animaux pour rire !

Pour tous
N° 1023 • 92 pages • H5

CLAUDE HALLER
Né en 1932 à Nancy, Claude Haller retient de son enfance les années de guerre, guerre qui le prive de son père en 1940. Formateur d'instituteurs puisqu'il est professeur puis directeur d'école normale, Claude Haller accorde à la poésie une vraie et durable passion. Il a obtenu le prix Poésie jeunesse en 1993.

POÈMES DU PETIT MATIN

Rondeurs du monde, jeu de main, mariage des mots… Soixante poèmes au rythme juste, empreints d'émotion.

Pour tous
N° 1042 • 96 pages • H 5

PIERRE MENANTEAU

Dès leur parution, les poèmes de Pierre Menanteau (1895-1992) ont été adoptés par les enfants à qui il savait si bien parler, avec esprit et simplicité.

POUR UN ENFANT POÈTE
Tous les enfants sont poètes quand ils s'émerveillent parmi les bêtes, les plantes et les légendes.

Pour tous
N° 1054 • 256 pages • H11

JEAN-LUC MOREAU

Même si Jean-Luc Moreau sait parler de nombreuses langues, sans compter celles qu'il enseigne, sa langue préférée reste cependant celle qu'on parle en poésie.

LES POÈMES DE LA SOURIS VERTE
Du bidule au machinchose et au chat qui mettait ses chaussettes, des poèmes pétillants d'invention, de fantaisie et de jeux avec les mots.

Pour tous
N° 1033 • 188 pages • H9

JACQUES POITEVIN

Instituteur, professeur de français, puis inspecteur de l'Éducation nationale, Jacques Poitevin (né à Sauzay, en Indre-et-Loire en 1935) s'est retiré en Touraine pour ne plus se consacrer qu'à ses passions : la musique et la poésie.

L'ESCARGOT À PLUMES
suivi de **DU CÔTÉ DU PUITS**
Un escargot à plumes ? Qui peut prétendre en avoir déjà vu ! On en rencontre pourtant dans ce recueil avec quelques-uns de ses compères !

Pour tous
N° 1061 • 92 pages • H7

JOËL SADELER

Né au Mans en 1933, Joël Sadeler est professeur dans un collège de la Sarthe. Depuis 1967, il a publié de nombreux recueils de poèmes et différentes anthologies. Certains de ses poèmes ont été mis en musique.

L'ÉCOLE DES POÈTES
Poèmes réunis par Joël Sadeler

Le temps de l'école, avec ses premiers chagrins, ses premières amours et ses apprentissages, dépeint avec émotion, nostalgie ou humour.

Pour tous
N° 1027 • 137 pages • H8

Imprimé en France par HÉRISSEY - 27000 Evreux
Dépôt imprimeur : 94265 - éditeur n° 32115
32.10.2123.1/01 - ISBN : 2.01.322123.1

Loi n°49-956 du 16 juillet 1949 sur les publications destinées à la jeunesse
Dépôt légal: avril 2003